AF219843

Elfi Sinn

Klara und die Monster

Mit Mutpunkten gegen die Angst

Bibliografische Information der Deutschen Nationalbibliothek: Die Deutsche Nationalbibliothek verzeichnet diese Publikation in der Deutschen Nationalbibliografie; detaillierte bibliografische Daten sind im Internet unter http://dnb.dnb.de abrufbar

©2021 Elfi Sinn
Herstellung und Verlag:
BoD – Books on Demand Norderstedt
Titelbild und Illustration: Dörte Geilhufe
ISBN:9 783754373194

1.Kapitel,
in dem Klara einen wichtigen Entschluss fasst

„Wenn ich doch nur etwas mutiger wäre!"
Dieser Satz stand schon lange auf der ersten Seite
von Klaras Tagebuch. Sie war sich nicht sicher, ob
Tagebuch schreiben etwas war, worüber andere Kinder lachen würden, deshalb hielt sie es gut verborgen, so wie ihre Ängste.

Klara ist neun Jahre alt, hat ein schmales Gesicht mit
großen, neugierigen, braunen Augen, einer kleinen
Stupsnase und einem Mund, den sie viel zu groß findet.
Ihre Lieblingsfarbe ist sonnenblumengelb, aber ihre
Stimmung ist selten so sonnig. Die Farbe ihrer Haare, die sie häufig zu Zöpfchen bindet, liegt irgendwo
zwischen braun und schwarz.
Ihre großen Brüder nennen die Farbe immer verächtlich maulwurfsbraun, als wäre sie, wie diese Tiere
auch, aus der Erde gekrochen.
Ihre großen Brüder, René und Henry, sind schon am

Gymnasium, superklug, supersportlich und natürlich supermutig.

Alles das, was Klara nicht ist. Denn es gibt nur eine Sache, in der sie auf Anhieb Spitze ist, nämlich im Angst haben. Sie könnte vermutlich Angsthasen-Weltmeisterin werden, denn sie hat vor allem und jedem Angst.

Sie hat Angst vor jeder Klassenarbeit, sie hat Angst, im Sport nicht über den Kasten springen zu können und sie zittert schon, wenn sie an die Tafel gerufen wird.

Sie hat auch Angst vor den beiden Jungs in ihrer Klasse, die regelmäßig Kleinere verprügeln.

Sie hat Angst vor Gewitter, vor Schlangen, vor Hunden, sie hat Angst vor Spritzen und auch vorm Bohren beim Zahnarzt. Sie hat Angst, im Fahrstuhl stecken zu bleiben, sie hat Angst zu sterben, sie hat Angst in den Keller zu gehen und ganz besonders große Angst hat sie, wenn sie abends im dunklen Zimmer schlafen soll.

Klara ist sich sicher, dass kein anderes Kind soviel leiden muss, wie sie.

Obwohl, die Helden in den Büchern, die sie besonders gerne liest, wurden ja auch ziemlich hart gefordert und mussten sehr lange auf ein Happy End warten, wie der arme Oliver Twist und auch Harry Potter. Oder Elizabeth von „Das Winterhaus", die auch so gerne las, wie Klara und die, ohne ihre Eltern gekannt zu haben, bei einer Familie aufwuchs, die sie gar nicht liebhatte. Zum Glück hatte sie ihren Großvater getroffen und durfte bei ihm leben, aber jetzt musste sie sich ständig gegen eine böse Hexe wehren, die sogar noch aus dem Grab heraus angriff.

Klara seufzte, wenn sie an diese Abenteuer dachte. Sie hätte all das nicht machen können, weil sie einfach zu viel Angst hatte. Die Bücher konnte sie weglegen, wenn sie die Spannung nicht mehr aushielt, wie bei Herkules, der von einer Göttin verfolgt wurde oder Odysseus, als er zwischen die Seeungeheuer Skylla und Charybdis geraten war.
Aber da sie viel las und auch fast alles las, was Buchstaben aufwies, geriet vielleicht auch manches durcheinander.

Aber alle gruseligen Figuren blieben ganz besonders gut in ihrem Gedächtnis haften, wie mit Spezialkleber versehen.

Ihr fiel es auch ganz leicht, sich alles vorzustellen, was sehr anschaulich beschrieben wurde.

„Das Kind hat eine überschießende Fantasie", hatte Oma Nelli schon mal zu ihrer Mami gesagt, „sie liest einfach zu viel."

Weil Klara so still sein konnte, wie ein Mäuschen, wurde sie von den Erwachsenen oft gar nicht mehr bemerkt und sie unterhielten sie sich über sie, als ob sie Luft sei. Natürlich hätte sich Klara bemerkbar machen können, aber hätte sie dann erfahren, was genau ihr Problem war?

Sie wusste nur, wie schlimm es war, wenn sie schlafen gehen sollte.

Solange das Licht an blieb, war alles in bester Ordnung. Sobald es aber dunkel wurde, schienen nur noch Horrorfilme abzulaufen.

Nicht dass sich Klara solche Filme überhaupt anschauen würde, aber als sich ihre Brüder lachend über einen Axtmörder aus einem solchen Film unter-

hielten, sah sie in ihrem Kopfkino schon ganz genau,
wie er aussah.

Wie ein Schwamm saugte ihr Gehirn sämtliche grau-
sigen Details auf. Und natürlich rechnete sie dann
beim leisesten Knacken damit, dass die Axt schon die
Schlafzimmertür spaltete.

Noch schlimmer waren die Monster, die im Dunkeln
auf sie lauerten. Sie konnten sehr unterschiedlich

sein oder jedesmal anders aussehen.

Einige krochen unheimlich still unter ihrem Bett hervor, sobald sie nur daran dachte, waren grün oder blau und hatten Hörner oder lange Zähne.

Andere konnten wie ein dunkles Grauen, wie ein schwarzer Nebel sein, der sie einhüllte und ihren Atem stocken ließ.

Sie konnten auch über die Bettdecke wabern und ihre riesigen Krallen nach ihr ausstrecken, bis sie weinend aufsprang.

Aber nicht nur der Abend war schwierig, manchmal reichte es schon, wenn sie für ihre Mami etwas aus dem Keller holen sollte.

Nicht, dass sie in einem alten Haus gewohnt hätte, das über quietschende Türen, knarrende Stufen, Kerkergewölbe oder ein Schlossgespenst verfügte.

Nein, Klara wohnte in einem modernen, sechsgeschossigen Block, mit hellen Wohnungen, einem Fahrstuhl und einem Keller, der gut beleuchtet und freundlich war.

Aber sobald Klara die schwere Tür öffnete und der

Wind durch den Keller heulte, sah sie schon die
Monster und das dunkle Grauen auf sich zukommen
und lief angstvoll wieder nach oben.

Ihre Eltern schienen sich deswegen große Sorgen zu
machen Fast jeden Abend unterhielten sie sich darüber und Klara lauschte angstvoll.

Vielleicht würden ihre Eltern ja lieber ein klügeres
und mutigeres Mädchen haben wollen und dachten
darüber nach, sie weg zu schicken oder umzutau-
schen?

Dagegen müsste sie unbedingt etwas tun! Nur was?

In zwei Monaten würde sie 10 werden. Bisher
wünschte sie sich einen E-Reader, um überall und zu
jeder Zeit genügend Lesestoff zu haben.

Jetzt aber wäre ihr eine supergroße Portion Mut lieber gewesen. Denn so langsam schien die Sache
brenzlig zu werden. Heute Abend hatten die Eltern
wieder gestritten. Ihre Mami hielt Klaras Ängste für
eine Sache, die sich verwachsen würde.

Hieß das, es wäre weg, wenn sie 5 Zentimeter größer wäre?

Aber ihr Vater sah das anders und war unzufrieden.

„Mäuschen", hatte Paps zu ihrer Mami gesagt, „das Kind entwickelt regelrechte Phobien. Wir müssen etwas unternehmen."

In Klaras Kopf fing es sofort an zu rattern. Was war eine Phobie? Das musste sie jetzt unbedingt herausfinden. Vielleicht war ja ihre Angst so etwas, wie eine Krankheit, die man heilen konnte? Aber, wenn sie dann eine Spritze bekommen sollte? Dann lieber nicht.

Aber sie würde etwas unternehmen, um mutiger zu werden, da war Klara fest entschlossen.

Nur konnte man so etwas nicht einfach bestellen, wie Oma Nelli in ihrem Versandhaus. Vielleicht wäre sie ja schon klüger, wenn sie wüsste, was dieses sonderbare Wort *Phobie* bedeutete?

2. Kapitel,

in dem Klara erfährt, was eine Phobie ist und ihrer Angst in die Augen sehen will

Schon am nächsten Tag machte sie sich an die Arbeit, das Wichtigste herauszufinden, aber in ihrem Kinderlexikon stand dieses sonderbare Wort nicht.
Sie sah sich suchend um. Vielleicht in den Büchern, die ihre Mami weg geschlossen hatte?
Vermutlich standen darin sowieso die interessanteren Sachen.
Zwei Tage später wusste Klara, wo ihre Mami diesen Schlüssel versteckte. Das war ein Kinderspiel gewesen! Sie fand immer alles, was sie suchte. Vor jedem Geburtstag, vor jedem Weihnachtsfest hatte sie vorher längst ausgekundschaftet, was ihr Geschenk sein würde.
Wenn Bücher dabei waren, hatte sie sie meist ausgelesen, aber es fiel ihr leicht, trotzdem Begeisterung zu zeigen. Immerhin hatten sich die Eltern ja Mühe gegeben.
Es war ziemlich schwer, das wertvolle, superdicke

Lexikon aus dem Bücherschrank zu ziehen und auf
den Tisch zu legen.
Wahrscheinlich hatte ihre Mami dieses Buch nur eingeschlossen, weil die Jungs immer ihre Sachen verlo-
ren, denn sonst war nichts Besonderes an diesem
schweren Buch.

In Gedanken ging sie das ABC durch, deshalb dauer-
te es einige Zeit, bis sie zum Buchstaben P kam. Zur
Sicherheit hatte sie vorher auch bei F nachgesehen,
aber das war mit Sicherheit falsch.
Nach Phlox, den sie aus dem Garten von Oma Nelli
kannte, kam endlich das Wort Phobie, mit folgender
Erklärung:
 *Übersteigerte Furcht vor Tieren, Personen oder be-
stimmten Situationen.*
Zur Sicherheit las sie die Erklärung zweimal, aber
Monster wurden nicht erwähnt.
Und Furcht vor Tieren stimmte auch nicht, sie moch-
te nur keine Schlangen und hatte sehr mit Harry Pot-
ter gelitten, als ihn die große Schlange töten wollte.
Und Hunde? Na ja, eigentlich kannte sie gar keine

näher, da es in ihrem Haus bisher nur eine Katze im Erdgeschoss und einen Kanarienvogel im Dachgeschoss gab.

Aber als sie mit ihren Eltern Urlaub auf einem Bauernhof gemacht hatte, da gab es einen großen, schwarzen Hund, der die armen Schafe in die Beine gebissen hatte, ständig hatte er sie gejagt und zusammengetrieben. Der Bauer hatte ihr zwar erklärt, das sei die Aufgabe des Hundes, aber Klara hatte sich ihm nie genähert, nachdem sie seine spitzen Zähne gesehen hatte.

Und das war nicht ängstlich, sondern vorsichtig!

Sie überlegte weiter, vor Personen hatte sie auch keine Angst. Oder waren Leif und Achmed aus ihrer Klasse auch Personen?

Von Anfang an, als die beiden neu in die 4. Klasse kamen, waren der blonde Leif und der schwarzhaarige Achmed, die dicksten Freunde.

Alle anderen wurden verachtet, veralbert, gequält oder auch verprügelt. Klara wagte sich nicht in deren Nähe, auch wenn sie manchmal gerne einem anderen Kind beigestanden oder ihm auch geholfen hätte. Sie hatte einfach zu viel Angst. Blieben noch *be-stimmte Situationen,* was genau war das?

Sie suchte weiter in dem Buch, aber da stand nichts mehr. Was nun? Jetzt war sie ein wenig klüger, aber das reichte nicht aus, um mutiger zu werden. Was genau musste man dafür tun?

Da fiel ihr ein, dass sie in einer Zeitschrift gelesen hatte, man müsse sich seiner Angst stellen, ihr in die Augen sehen. Vielleicht sollte sie einer Schlange in die Augen sehen?

Das könnte klappen. Also würde sie damit anfangen. Am leichtesten ginge das, wenn sie erstmal genauer hinsehen und nicht gleich die Augen zukneifen würde. Inzwischen wusste sie schon, dass Schlangen, die in ihrer Nähe vorkamen, lange nicht so groß waren, wie die bei Harry Potter.

In einem Tierbuch ihrer Brüder gab es Kreuzottern, und Ringelnattern, die betrachtete sie ganz genau. So schlimm sahen die eigentlich gar nicht aus, aber auch nicht, wie Tiere, die man streicheln möchte.

Der alte Herr Lutz im Nachbarhaus hatte eine
Schlange in einem Terrarium. Das hatte er ihr er-
zählt, allerdings nur eine kleine.

Deswegen nahm Klara am nächsten Tag nach dem
Unterricht all ihren Mut zusammen und klingelte bei
Herrn Lutz.

„Guten Tag, ich bin Klara und würde gerne Ihre
Schlange sehen, wenn ich darf?"

Herr Lutz lächelte und strich sich über seinen Bart,
der ihn wie ein echter Weihnachtsmann aussehen
ließ. „Das ist schön, dass du mich und meine Cleo-
patra besuchst. Sie ist aber sehr scheu und hat sich
versteckt."

Klara betrachtete die Schlange hinter der Glasscheibe
genau und sah ihr auch in die komischen starren Augen. Die schien wirklich nicht gefährlich zu sein, solange sie hinter der Scheibe blieb.

Natürlich wusste Klara auch, dass Schlangen keine
Kuscheltiere waren und wenn man ihnen in der Na-
tur begegnete, musste man schon vorsichtig sein.
Aber diese schien ziemlich zahm. Als Herr Lutz die

kleine Schlange auf den Arm nahm und sie sich in seine Hände ringelte, wagte es Klara die Haut mit dem Finger anzustupsen.

Sie war erstaunt, wie kalt und rau die Haut war, dagegen war das Muster wunderschön. Und die kleine Schlange war auch ganz friedlich geblieben.

Wieder zurück in der Wohnung, trug Klara ganz stolz ihren ersten Erfolg in ihr Tagebuch ein. Das würde sie jetzt jeden Tag machen und für jede ihrer zukünftigen Mutproben einen Punkt einkleben.

Damit könnte sie alles erfassen, was sie lernte, um mutiger zu sein und ihre Ängste loszuwerden.

Und sie könnte auch ihren Eltern zeigen, wie sehr sie sich anstrengte, um mutiger zu werden. Dann würden sie sich das mit dem Umtausch bestimmt überlegen, oder?

3. Kapitel,
in dem Klara einen klugen Ratgeber findet

Aber was sollte als nächstes in ihrem neuen Mutheft stehen? Womit könnte man die Angst, die sie spürte bekämpfen.

Was vom Essen kommt, muss auch mit Essen geheilt werden!

Das hatte Oma Nelli letzte Woche gesagt, als sie nach viel zu vielen Süßigkeiten, heftig erbrochen hatte. Danach bekam sie nur noch Zwieback und Tee, bis alles wieder gut war.

Wenn also, überlegte Klara, die Dinge, die mir Angst machen vielleicht doch vom vielen Lesen kommen, dann müssen sie auch wieder durch Lesen geheilt werden.

Ja, genau! Klara war ganz stolz auf sich und ihre logischen Gedanken. Das hätten jetzt mal ihre Brüder hören sollen. Aber was genau konnte sie jetzt mit dieser Idee anfangen?

Da fiel ihr das Lexikon wieder ein und sie schaute prüfend zur Uhr.

Noch reichlich zwei Stunden, bis Mami von der Arbeit kam, bei Paps wurde es meist noch später.

Also huschte sie schnell zum Bücherschrank und holte den wertvollen, dicken Band heraus, um nach dem Wort Angst zu suchen.

Sie hatte kaum das Buch aufgeschlagen, als sie fast vor Schreck tot umgefallen wäre.

Sie schluckte mühsam und zwinkerte mit den Augen. In dem geöffneten Buch saß eine dicke, grüne Raupe mit einer Brille und sah sie ziemlich ungehalten an.

Klara rieb sich mit beiden Händen über die Augen.
Aber danach war die Raupe immer noch da. Das hatte sie sich garantiert nicht ausgedacht und so etwas hatte sie auch noch nie gelesen!

Jetzt schüttelte die Raupe auch noch den oberen Teil, der vermutlich den Kopf darstellte und sprach sogar, laut und deutlich.

„Du hast doch schon vor zwei Tagen in meinem Lexikon nachgesehen. Hast du schon wieder alles vergessen?"

Eigentlich hatte Klara immer noch Angst, aber diese Raupe war schließlich nur winzig klein. Und sie tat etwas, was Klara immer schon erzürnte, sie log und das ziemlich unverschämt.

Entrüstet stemmte sie die Hände in die Seiten, wie sie das oft bei Oma Nelli gesehen hatte und funkelte die Raupe böse an. „Was heißt denn hier *mein Lexikon*? Das gehört immer noch meiner Mami! Wer bist du denn überhaupt?"

Jetzt lächelte die Raupe fast. „Ach, dann bist du Klara. Dich habe ich ja hier überhaupt noch nie getroffen. Ich bin Jasper, der Verwalter dieser Schätze und ich bin keine Raupe, wie du fälschlicherweise gerade gedacht hast, sondern ein Bücherwurm der ersten Generation."

Klara schnappte nach Luft. „Du bist ein Verwalter von Schätzen? Wo sind denn welche? Ich sehe keine."

Jasper richtete sich betroffen auf, auch seine Stimmlage klang tadelnd. „Das solltest du eigentlich schon selbst herausgefunden haben. Wissen ist ein großer, bedeutender Schatz! Das war schon zu allen Zeiten so. Wissen verleiht dem Macht, der mehr weiß, als andere. Und ich weiß sehr viel, vermutlich viel mehr, als du."

„Ich habe auch viele Bücher gelesen", konterte Klara. „Aber nicht immer findet man in den Büchern genau das, was man braucht. Oder das einem weiterhilft, wenn man ein Problem hat."

„Was hast du denn gesucht?" Jetzt wurde der Bücherwurm zugänglicher. „Ich bin sicher, dass ich über ausreichend Wissen verfüge, das dir sicher weiter hilft."

Das Mädchen überlegte. Sollte sie das wirklich mit einer Raupe besprechen, die sich Bücherwurm nannte? Aber warum eigentlich nicht.

„Ich habe häufig Angst, wirklich schlimme Angst, aber eigentlich wäre ich gerne mutiger.

Ich bin mir sicher, dass meine Eltern lieber ein mutiges Mädchen hätten und nicht so eine Angsthasen-Weltmeisterin. Sie streiten sich oft und ich habe große Sorge, dass sie mich vielleicht sogar umtauschen wollen."

„Uff, das ist eine ganze Menge und nicht so einfach. Da müssen wir uns bestimmt noch öfter unterhalten. Bist du damit einverstanden? "

Jasper ließ seine Brille nach oben wandern, er schaffte das ohne Hände ganz hervorragend und sah sie forschend an.

Als sie zustimmend genickt hatte, setzte er sich in Positur, um ihre ganze Aufmerksamkeit zu haben.

„In welchen Situationen hast du denn Angst?"

Er lächelte sie von der Seite her an. „Vielleicht in der Schule bei Klassenarbeiten, beim Überqueren einer großen Straße oder beim Fahrstuhlfahren?"

Klara nickte beeindruckt. Das also waren Situationen! Wieso war das im Buch nicht gleich so erklärt?

„Fahrstuhlfahren ist davon das Schlimmste. Aber dann gehe ich halt zu Fuß. Ist auch viel gesünder, sagt meine Mami."

Jasper grinste zweifelnd. „Psychologen nennen das Vermeidungsverhalten. Aber das bringt nichts, sondern lässt nur neue Ängste wachsen.

Was genau ist passiert, als du das letzte Mal im Fahrstuhl warst?"

„Ich habe die Tasten angesehen, um das Dachgeschoss zu finden."

Klara hatte die Augen geschlossen, um sich haargenau zu erinnern. „Dann sah ich den roten Notfallknopf und habe mir vorgestellt, dass der Fahrstuhl festsitzt, dass es aber niemand bemerkt und ich dort tagelang bleiben und verhungern muss. Dann bin ich schreiend raus gerannt."

Klara schämte sich, wenn sie nur daran dachte und erwartete einen eher hämischen Kommentar, der aber nicht kam. Jasper schüttelte das, was vermutlich sein Kopf war.

„Du bist ein ganz schön schwieriger Fall. Weißt du wer Pegasus ist?"

„Na klar", lachte Klara jetzt wieder entspannt. „Das ist das fliegende Pferd der Dichter."

„Und glaubst du, wenn du oben auf diesem Pferd sitzen würdest, dass du es einfach laufen lassen kannst?"

„Auf keinen Fall! Man muss das Pferd lenken, anfeuern und auch bremsen können, dafür gibt es Zügel."

„Aha, ich sehe du warst schon mal auf einem Bauernhof. Das ist gut! Und weißt du, wie man das Pferd zügelt oder bremst?"

„Der Bauer hat die Hand gehoben und Ho oder Brr gesagt, das soll sicher Halt oder Stopp heißen."

Klara antwortete automatisch, ohne zu ahnen, wohin das Gespräch führen würde, aber Jasper setzte schon fort.

„Und jetzt stell dir vor, deine Fantasie ist dein Pegasus, glaubst du, du könntest auch Halt oder Stopp sagen?"

Sie nickte zögernd. Sollte es wirklich so einfach sein?

Und könnte sie das wirklich selbst schaffen?

Jasper lächelte, wie das nur ein Bücherwurm kann.
„Wann ist denn der letzte Mensch, der in eurem
Fahrstuhl festsaß, verhungert?"

Jetzt musste sie auch lachen. „Dort ist noch nie jemand verhungert."

„Und wieso nicht?"

Klara verdrehte die Augen. „Weil man, wenn man
feststeckt, am Notrufknopf klingeln kann. Und dann
kommt jemand und öffnet die Tür."

„Was für ein kluges Kind du doch bist", lächelte Jasper. „Wenn du in den Fahrstuhl steigst, machst du
was zuerst?"

Klara lächelte fast übermütig. „Ich hebe die Hand
und sage Stopp zu meinem Pegasus, dann drücke ich
meine Etage. Und das mache ich jetzt gleich, das
wird mein Mutpunkt für heute. Danke und Tschüss!"

Damit klappte sie das Buch schwungvoll zu, schloss
es ein und holte sich anschließend den nächsten Ein-
trag in ihr Tagebuch.

Da es schon die zweite Bestätigung für ihren wach-
senden Mut war, freute sie sich einfach darüber, hi-
nein zu schauen und sich bereits stärker zu fühlen.

Das war wirklich wieder ein guter Tag gewesen. Zufrieden klebte sie rote Herzchen neben die erfüllten Aufgaben. Sie bestätigten ihr, dass ihr Herz nicht mehr so oft angstvoll klopfte.

Bis zum Schlafengehen hielt das gute Gefühl auch an. Als sie dann aber in ihrem Bett lag und schon ganz automatisch an die Monster dachte, kamen sie unter dem Bett hervor und krochen immer näher. Verzweifelt drückte sie die Fäuste auf die Augen, um bloß nichts mehr zu sehen. Morgen würde sie den Bücherwurm nach den Monstern fragen. Der hatte bestimmt eine coole Idee auf Lager.

Dieser Gedanke tröstete sie und im Nu war sie eingeschlafen.

4. Kapitel,

in dem Klara eine Freundin findet und die dunklen Monster besiegt

Am nächsten Morgen fühlte sie sich richtig gut, obwohl sie wusste, dass heute der Unterricht in einem weiter entfernten Klassenraum stattfinden würde.

Die Schule, die Klara besuchte, war ein großes graugrünes Gebäude, in dem man sich leicht verlaufen konnte. Vor allem, wenn man schon überzeugt war, den richtigen Weg nicht zu finden. Aber heute bleibe ich ganz ruhig und lasse meinen Pegasus in seiner Box.

Diesen Gedanken wiederholte sie ständig, wie eine tibetanische Gebetsmühle, über die sie erst vor kurzem gelesen hatte.

Dann war sie aber doch wieder falsch abgebogen. Und wo ist jetzt der rote Notfallknopf, mit dem ich nach Hilfe rufen kann?

Sie hatte diesen verzweifelten Gedanken kaum zu Ende gedacht, als sie Celine sah.

Auch dieses Mädchen war neu in ihrer Klasse und

wurde wegen ihrer sonderbaren Aussprache und
ihrer blauen Mütze oft gehänselt.

Aber jetzt war sie Klaras Notfallknopf und sie rief
lauter als sonst nach ihr. „Hallo, Celine, suchst du
auch den Bastelraum?"

Das Mädchen blieb überrascht stehen und lächelte
scheu. „Isch abe misch verlaufen. Gut, dass wir jetzt
zusammen sind."

Dann fasste sie nach Klaras Hand und schon kurz
danach betraten sie den gesuchten Raum. Das könnte mein nächster Mutpunkt werden, dachte Klara
noch, dann hörte sie lieber aufmerksam zu.

Nach der Stunde ging sie auch mit Celine zurück
und traute sich sogar zu fragen, wieso sie so anders
sprechen würde. Celine lächelte wieder schüchtern
und erklärte Klara dann, ihre *Maman* sei eine Primaballerina und habe für zwei Jahre ein Gastspiel am
Opernhaus. Eigentlich lebten sie in Paris, aber um
nicht so lange von ihrer *Maman* getrennt zu sein,
habe sie sie begleitet.

„Und deine Freunde, vermisst du sie denn nicht?"

„Non", antwortet Celine. „Isch abe keine, weil wir so oft umziehen müssen."

„Du kannst meine Freundin sein, wenn du magst." Klara sagte das etwas zögernd, ganz überrascht über den eigenen Mut, aber Celine nickte nur lächelnd und drückte ihre Hand.

Klara konnte es kaum erwarten, Jasper von diesen Veränderungen zu berichten, aber der war wieder etwas ungnädig gestimmt.

„Du hast beinahe meinen wertvollen Denkapparat beschädigt, als du das Buch so schwungvoll zugeschlagen hast. Für die Zukunft, etwas mehr Respekt, bitte!"

Klara war ganz zerknirscht. „Oh, das tut mir leid. Aber ich wollte schnell meine Mutprobe im Fahrstuhl bestehen und es hat einfach super geklappt.
Und heute", plapperte sie weiter, „habe ich mich beinahe wieder in der Schule verlaufen, aber ich habe meinen Pegasus festgehalten und einen roten Notfallknopf gefunden, nämlich meine neue Freundin Celine."
„Das ist ein bisschen viel auf einmal, für meine alten Hirnwindungen", grummelte Jasper noch etwas verärgert. „Aber ich bin sehr stolz auf dich."
„Ich würde auch gerne so weitermachen, aber dazu muss ich noch etwas Spezielles wissen."
„Ich höre", betonte Jasper und setzte sich wieder in Positur.
„Was kann ich gegen die Monster machen, die im Dunkeln leben, unter meinem Bett, im Schrank, in der Wand. Immer wenn das Licht ausgeht, kommen

sie hervor. Sie sehen unterschiedlich aus, mal groß, mal klein, mal sehr dunkel, mal heller, mal grün oder blau, mal mit Krallen oder auch ohne."

„Wenn sie jedesmal anders aussehen, ist das sehr günstig. Dann brauchst du eine Anti-Lupe."

Klara hörte aufmerksam zu, die Augenbrauen konzentriert zusammen gezogen. „Eine Lupe ist ein Vergrößerungsglas, Oma Nelli hat so eine. Aber was ist eine Anti-Lupe?"

Jasper griente so, wie das nur ein Bücherwurm kann.

„Ganz einfach, das Gegenteil von einer Lupe, also etwas zum Verkleinern.

Rein zufällig habe ich noch einige winzig kleine da. Die schnipse ich dir in die Augen. Hast du etwas bemerkt? Nein, das ist sehr gut. Heute Abend wirst du den Unterschied bemerken. Sobald du die Monster siehst, legst du einen Finger auf die Augen und dann wirst du feststellen, wie sie immer kleiner werden, winzig klein."

„Super", jubelte Klara und klatschte in die Hände. „Das ist toll!"

„Nein, nein, das Beste kommt ja noch. Wenn sie

richtig klein und hässlich sind, musst du sie beschimpfen, und zwar mit allen bösen Schimpfwörtern, die du kennst."

Er sah sie zweifelnd an.

„Kennst du überhaupt böse Wörter? Du bist doch bestimmt ein viel zu liebes Mädchen, um so etwas zu benutzen. Aber ich schenke dir ein paar ganz saftige, damit sie auch gut wirken."

Dann flüsterte er ihr einige Schimpfwörter ins Ohr, die Klara freudig aufkeuchen ließen.

So etwas würden nicht einmal ihre großen Brüder kennen, echt toll!

Am Abend zog sie sich ganz bereitwillig und pünktlich zum Schlafen in ihr Zimmer zurück.

Sonst quengelte sie gerne herum, musste unbedingt noch etwas trinken oder hatte etwas anderes vergessen, aber nicht heute.

Ihre Eltern schauten zwar leicht verwundert, aber das fiel Klara gar nicht auf.

Nachdem sie im Bett lag, war alles, wie immer.

Kaum dass sie die Augen geschlossen hatte, sah sie

schon den dunklen Nebel unter dem Bett hervorquel-
len und sich zu Krallen formen, die sich ihr entge-
genstreckten.

Einen Moment lang stockte ihr der Atem und ihr Herz
schlug ganz schnell und heftig.

Aber dann erinnerte sie sich an Jaspers Anweisung.

Sie legte ihre Finger auf die Augen und sah total
erstaunt, wie sich die Krallen auflösten und der
schwarze Nebel mehr und mehr verschwand.

Als nur noch ein kleiner Rest zu sehen war, holte sie
tief Luft. Jetzt war der richtige Moment.

„Haut ab, ihr Pappnasen, ihr Schweinepriester, ihr
Nieselprime!"

Und als kaum noch etwas zu sehen war, setzte sie
noch das letzte und heftigste Schimpfwort nach, das
sie kannte. „Verschwindet bloß, ihr Breitarschantilo-
pen!"

Dann musste sie doch ein bisschen kichern.

Hoffentlich hatte das ihre Mami nicht gehört!

Danach drehte sie sich mit einem guten Gefühl auf
die Seite und schlief ruhig und zufrieden ein.

Nach drei Tagen, in denen sie diese Prozedur mit

wachsender Begeisterung und neuen Schimpfwörtern durchgeführt hatte, ließ sich in ihrem Zimmer kein Monster mehr sehen.

Ein bisschen schade war das schon, denn beim Schimpfen hatte sie sich sehr stark gefühlt und auch jeden Tag neue Mutpunkte eingetragen.

Aber in den Keller wagte sie sich immer noch nicht. Dort schien etwas anders auf sie zu lauern, etwas, das sie nicht sehen konnte, dem sie sich aber auch noch nicht stellen wollte. Sie seufzte. Vielleicht hatte ja Jasper noch eine gute Idee für diesen speziellen Fall.

5. Kapitel,
in dem Klara einen Beschützer bekommt

Jasper freute sich am nächsten Tag sehr über ihren erneuten Besuch und ihr Interesse und ließ sich genau schildern, wie sie die Monster in ihrem Zimmer besiegt hatte.

Klara bekam rote Wangen vor Begeisterung, so sehr genoss sie es, alles zu wiederholen. Das war einfach ein tolles Gefühl!

„So möchte ich auch das Monster im Keller besiegen, aber da traue ich mich noch nicht hin."

Jasper neigte interessiert den Teil, auf dem die Brille saß. „Hast du denn dieses Keller-Monster schon einmal gesehen?"

„Nein." Klara schüttelte ganz entschieden den Kopf. „Wenn ich die schwere Tür nur öffne, dann heult es im Keller ganz fürchterlich, wie der Hund von Baskerville."

„Aha, du kennst auch Arthur Conan Doyle und seinen Sherlock Holmes?"

Er schob die Brille nach oben. Wie er das ohne Hände schaffte, hatte Klara noch nicht herausgefunden.

„Das ist gar nicht so einfach! Aber wenn dort ein Hund ist, dann brauchst du einen, der größer und stärker ist. Kennst du solche Hunde?"

„Nein." Klaras Antwort klang schon wieder ganz verzagt. „Ich mag Hunde nicht so besonders, sie haben so spitze Zähne."

„Schau mal in meinem Buch unter dem Buchstaben H nach. Da sind Bilder von Hunderassen, vielleicht magst du doch einen davon."

Mit ein wenig Mühe blätterte Klara in dem dicken Buch, immer mit einem vorsichtigen Blick zur Uhr, falls ihre Mami schon nach Hause kommen würde. Als sie die Seite mit den Hunden gefunden hatte, lächelte sie sofort erfreut.

„Da ist ja ein Berhardiner, die finde ich gut.
Ich habe ein Buch gelesen über ein Mädchen, das durch eine Lawine verschüttet war, aber der Berhardiner hat es gerettet. Das ist wirklich ein lieber Hund."

„Und der könnte auch ein guter Freund für dich sein.
Bisher hast du ja deinen Fantasie-Pegasus ein wenig

zurückgehalten. Damit er sich nicht langweilt, darfst du jetzt die Zügel ein wenig locker lassen und dir vorstellen, dass dich dieser Hund begleitet, überall hin, wohin du nicht alleine gehen willst."

„Und das geht so einfach?" Klaras Augen wurden vor Staunen immer größer.

„Natürlich ist es nicht einfach, aber du kannst es. Ich gebe dir dafür noch einen Zauberspruch mit, er liegt vorne auf der ersten Seite."

Als Klara den Einbanddeckel öffnete, fiel der Zettel fast von selbst heraus. Er schien schon älter zu sein, so als hätte ihn ein Kind vor langer Zeit geschrieben. Klara las den Vierzeiler und grinste.

„Das gefällt mir."

„Du darfst aber den Zettel nicht mitnehmen, du musst dir den Zauberspruch gut einprägen. Und immer, wenn du in den Keller gehst, kannst du ihn laut oder leise einsetzen. Er wirkt garantiert!"

„Prima, das probiere ich aus. Vielen Dank, Jasper! Aber jetzt muss ich dich ganz schnell wegpacken, meine Mami kommt gleich."

Nach dem Abendessen sah Klara abwechselnd ungeduldig zur Uhr oder zu ihrer Mutter.

Seit sie zuhause war, hatte sie auf die Aufforderung gewartet, etwas aus dem Keller zu holen. Das was sie sonst tunlichst vermied, sehnte sie heute regelrecht herbei.

Aber es passierte nichts. Keiner forderte sie auf, wo sie doch ihren Mut beweisen wollte!

Sie überlegte, sollte sie einfach auf den heutigen Mutpunkt verzichten? Nein!

Dann würde sie eben ohne Aufforderung in den Keller gehen. Sie könnte ja kontrollieren, ob alles in Ordnung wäre.

Klara lächelte. Das war eine gute Idee. Schon auf der Kellertreppe erklärte sie jedem, der es wissen wollte:

Mein Hund ist immer bei mir, hält alles von mir fern. Er jagt am liebsten Monster, drum hab ich ihn so gern!

Nach der 5. Wiederholung fühlte sie sich ruhig und sicher, so als würde der Berhardiner dicht an ihrer Seite gehen.

Heute war ihr auch das Heulen nicht aufgefallen.

Nachdem sie das Licht eingeschaltet hatte, sah sie

sich interessiert um.

Es schien alles in Ordnung zu sein. Weit und breit

war nichts zu sehen oder zu hören, nur der Regen

der an ein halboffenes Fenster klatschte.

Klara schloss das Fenster schnell, jetzt mussten

Regen und Wind draußen bleiben. Sie sah sich noch

einmal um.

Hier war überhaupt nichts Aufregendes, nur ein

langweiliger Keller. „Komm Berni, gehen wir nach

oben, für uns gibt es hier wirklich nichts zu tun."

Bei den vielen interessanten Dingen, die in den

nächsten Tagen passierten, hatte Klara fast den Kel-

ler und mögliche Monster vergessen.

Zuerst bekam sie eine Einladung von Celines *Maman*.

Sie durfte gemeinsam mit ihrer Freundin die General-

Probe der Nussknacker-Aufführung besuchen. Die

Mädchen waren begeistert von der Musik, den wun-

derbaren Kostümen und natürlich davon, dass die

Hauptfigur Klara hieß und von einer zauberhaften

Primaballerina, getanzt wurde, die Celines *Maman*
war. Klara war noch nie in einer Ballettaufführung
gewesen, aber da sie die Erzählung von E.T.A. Hoff-
mann kannte, wusste sie sofort, dass Klara und der
Prinz gegen den bösen Mäusekönig kämpfen würden,
auch wenn die Figuren nicht sprachen.
Nach der General-Probe und dem langanhaltenden,
begeisterten Beifall, fuhren die Mädchen gemeinsam
zurück.
In der Bahn übten sie wieder, wie so oft in letzter
Zeit, das deutliche Sprechen. Celine fiel das H immer
noch schwer, aber seit Klara sie sofort korrigierte,
war ihre Aussprache viel besser geworden und sie
wurde deswegen nicht mehr gehänselt.
„Meine *Maman* hat sich sehr gefreut, dass ich so viel
besser spreche und sie sagt, ich soll auch mutiger
werden. Deswegen hat sie mich zu einem Kurs an-
gemeldet, wo man das lernt. Willst du nicht mit-
kommen?"
Klara war sofort interessiert. Zwar hatte sie schon
eine ganze Menge gegen ihre Ängste unternommen,
aber wenn es dafür sogar richtige Kurse, wie in der

Schule gab, dann würde sie das ausprobieren.

„Was wird denn in so einem Kurs gemacht?"

Celine zeigte ihr einen Flyer, auf dem Selbstverteidigung für Mädchen angeboten wurde.

Dabei sollte alles vermittelt werden, mit dem sich Mädchen gegen Angriffe und Angreifer wehren konnten, von der Selbstbehauptung bis zu Abwehrtechniken.

„Das hört sich gut an. Ich werde heute Abend meine Mami fragen. Kann ich mir die Telefonnummer der Trainerin aufschreiben?"

„Brauchst du nicht", lachte Celine, „ich habe gleich einen Flyer für dich mitgebracht. Du bist doch meine Freundin!"

Klaras Eltern waren von der Idee mit dem Selbstverteidigungs-Kurs ziemlich überrascht.

Ihr Paps musterte Klara, als hätte er irgendetwas verpasst. Als sie dann berichtete, sie würde dorthin mit ihrer neuen Freundin Celine gehen, war er sichtlich stolz auf sie und nahm sie in den Arm. „Ja, das ist mein Mädchen! Das machst du genau richtig und ich weiß du schaffst es auch."

Ihre Mami schaute den Vater mit einem Ausdruck an, den Klara auch schon deuten konnte. Das hieß: *Das habe ich dir doch gleich gesagt!*

Klara gähnte. Ihr war es piepegal, wer recht hatte, sie freute sich auf den Kurs zu Beginn der nächsten Woche und jetzt auf ihr neues Buch.

Seit die Monster verschwunden waren, las sie im Bett nur noch wenig, weil sie lieber gleich einschlummerte. Sie schlief viel ruhiger und war auch morgens besser ausgeschlafen. Und wenn sie doch noch leichte Bedenken hatte, weil der Herbstwind zu heftig an den Scheiben rüttelte oder wenn ein Gewitter vorbeizog, dann rief sie ihren Hund Berni, der sich vor oder unter ihrem Bett zusammenrollte und ihren Schlaf bewachte.

6. Kapitel,

in dem Klara lernt, sich und andere zu verteidigen

Am nächsten Morgen war sie etwas spät dran und beeilte sich, um noch rechtzeitig ihren Klassenraum zu erreichen, als sie wüstes Schimpfen hörte.

"Hier versperrt jemand den Gang. Ist das eine Elefantenkuh? Du fette Tonne, geh uns endlich aus dem Weg!"

In dem Moment flog eine Trinkflasche durch die Luft, die Klara geistesgegenwärtig auffing. Danach segelte eine Schultasche an ihr vorbei und Romy aus ihrer Klasse, mit den wirren blonden Locken, stürzte schwer nach der Rempelei von Leif und Achmed. Alle ihre Sachen verteilten sich über den Flur. Beide lachten, als das Mädchen am Boden lag und stiegen übertrieben stöhnend über ihre Tasche und die Bücher.

Klara war empört und hätte sich am liebsten eingemischt. Aber was hätte sie jetzt alleine gegen die zwei ausrichten können?

Sie nahm die Schultasche und ging zu dem Mädchen, das immer noch am Boden lag und weinte.

Die zuckte erschreckt zurück, als Klara sie an der Schulter berührte. „Keine Angst, Romy, ich bin es, Klara. Ich habe deine Sachen gerettet. Komm ich helfe dir auf."

Erst als sie nebeneinander standen, bemerkte Klara, dass Romy fast so groß war wie die Jungs, sich aber offensichtlich gerade wegen ihres Umfangs, wirklich hilflos fühlte.

Es müsste etwas geben, das die Kinder, die sich nicht wehren können, stärker macht, überlegte sie. Dann könnten sie lernen, sich zu wehren, so wie sie und Celine. Vielleicht gab es ja etwas, was nicht teuer war, dass es jedes Kind, das es brauchte, auch bekommen konnte. Ich muss unbedingt Jasper fragen, nahm sie sich vor. Der hat immer so gute Ideen.

Aber dazu kam sie in den nächsten Tagen nicht, denn der Kurs hatte begonnen und die Trainerin erklärte ihnen zu Beginn die Grundsätze im Umgang mit anderen, wie Vertrauen, Respekt, Geduld, Bescheidenheit und Freundschaft.

Bei allem, was sie beim Krav Maga, der israelischen Selbstverteidigung, erlernen würden, ginge es immer darum, sich im Notfall wehren zu können oder Gewalt zu beenden.

Vieles von dem, was Klara über Atmung und innere Konzentration hörte, war ihr schon durch die Abwehr der Monster vertraut.

Aber als die Trainerin ihnen erzählte, dass das richtige Essen nicht nur ihren Körper stärker, sondern sie auch zu Sieger-Typen machen könnte, erinnerte sie sich wieder an ihren klugen Ratgeber. Da würde sie bei Jasper garantiert noch einmal nachfragen.

Zunächst aber hatte sie großen Spaß daran, gemeinsam mit Celine auf einen dick gestopften Sack zu boxen, auf den grässliche Monster gemalt waren.

Ihre Freundin hatte ziemlich verbissen immer genau und auch sehr heftig, auf das Monsterbild geschlagen. Ob sie auch Erfahrungen damit hatte?

Und wenn es so wäre, dann könnte sie ihr doch helfen? Denn die Methode von Jasper war einfach zu

gut, um sie nur für sich zu behalten

Am späten Nachmittag gelang es ihr doch noch, in dem dicken Lexikon nachzusehen. Jasper schien nicht mit ihr gerechnet zu haben und wirkte eher so, als habe sie ihn aus dem Schlaf gerissen, dennoch freute er sich sehr über ihre Erfolge.

„Aber jetzt brauche ich wieder einen Rat von dir. Gibt es nicht ein Mittel, dass die Kinder stärker macht, die immer veralbert werden, die verprügelt werden, die geärgert werden? Denn dann könnten sie sich wehren."

Jasper wackelte erfreut über die Frage mit jenem

sonderbaren Teil, auf dem die Brille saß.

„Vermutlich bekommst du das erst später im Unterricht, du kannst jedoch schon mal unter *Vitamine*
nachschauen. Solche Kinder brauchen keine Tropfen
oder Tabletten, sondern nur das richtige Essen mit
vielen B-Vitaminen."

Klara überflog die Seite, endlich zahlte sich mal aus,
dass sie superschnell lesen konnte.

„Aber das ist zu viel. Das kann ich mir nicht alles
merken. Hast du eine Eselsbrücke?"

Jasper griente glucksend. „In Berlin sagt man: *Nehm
Se Grün, det hebt!* Und das macht es auch in allen
anderen Landesteilen. Grünes Gemüse hebt die
Stimmung und dazu noch etwas Obst und Nüsse,
dann ist man ist besser drauf, wie ihr heute sagen
würdet."

Jetzt grinste Klara auch. „Das ist ein guter Tipp. Aber
was ist denn bei Gemüse alles grün?"

Jetzt wurde Jasper doch etwas ungeduldig.

„Gut, ich sage dir etwas, das ich ganz schnell zusammen gestellt habe und das meinen hohen
Ansprüchen an klassische Lyrik überhaupt nicht

entspricht. Aber vielleicht hilft es dir.

Banane, Nüsse, Brokkoli, Melone, Mango, Zucchini,
geben Ruhe und viel Kraft, damit man wirklich alles
schafft.

„Super!", lobte Klara, die schnell alles in ihrem Heft
notiert hatte.

„Aber", schränkte Jasper ein, „das wirkliche Problem
dabei ist, dass viele Kinder kein Gemüse mögen,
manche mögen nicht einmal Obst. Und weißt du
warum?"

Klara schüttelte leicht beschämt den Kopf, weil sie
auch manchmal maulte, wenn sie *gesundes Gemüse*
essen sollte.

„Sie wollen es nicht essen, weil sie nicht wissen, dass
es sie stark und mutig machen kann. Du weißt es
jetzt, aber das bleibt unser Geheimnis!"

Klara hob sofort zwei Finger, um zu zeigen, dass sie
ein Geheimnis wahren konnte.

Das würde sie höchstens Celine erzählen, Freundinnen waren doch bestimmt von dieser Regel ausge-
nommen, oder?

Vielleicht würde sie auch Romy einweihen, mal sehen.

Ehe sich der Bücherwurm Jasper zurückzog, flüsterte er ihr noch einen Tipp ins Ohr, der Gold wert war, wenn man ihm glauben konnte. „Vor der nächsten Klassenarbeit nimmst du am Abend vor dem Schlafengehen, einen Esslöffel Lecithin ein. Da sind zwei B-Vitamine drin, die Kinder nicht nur mutig, sondern auch schlauer machen. Aber jetzt muss ich unbedingt schlafen gehen. Du schaffst das jetzt ganz bestimmt.“

7. Kapitel,

in dem Klara ihre Monster-Strategie weitergibt

In den nächsten Tagen hatte Klara viel zu tun. Da war einiges an Hausaufgaben, das erledigt werden musste. Dann ging sie mit Celine zum Selbstverteidigungskurs und Lesen musste ja auch sein. Zwischendurch war sie mit Oma Nelli im Garten, um die letzten Gemüse aus der Erde zu holen und Nüsse zu sammeln. Oma Nelli freute sich sehr über ihr Interesse und auch über alles, was ihr Klara von der Wirkung der B-Vitamine berichtete.

„Das ist wirklich gut, dass du jetzt auch Bücher liest, die dich schlauer machen."

Klara lächelte nur, wenn Oma wüsste, woher ihr Wissen kam...

Als der Selbstverteidigungskurs zu Ende ging, nahmen Celine und Klara stolz ihre Urkunde entgegen und klatschen sich zufrieden ab. Auf dem Heimweg tauschten sie noch die Erinnerungen über den Kurs aus, besonders die, bei denen sie am meisten lachen mussten, bis Celine immer stiller wurde.

Dann seufzte sie. „Schade, dass die Tricks, die wir gelernt haben, nicht gegen wirkliche Monster helfen."

Klara sah sie nur fragend an, bis ihr Celine von ihrer Angst erzählte, die ihr immer dann zusetzte, wenn sie abends alleine war. „Wenn meine *Maman* Auftritte hat, dann kommen zwar auch Baby-Sitter, aber die bleiben im Erdgeschoss und sehen fern. Ich bin oben im Dachgeschoss ganz allein und in diesem Haus knackt es überall. Und aus dem großen alten Schrank, da kriecht etwas..."

Schluchzend schlug Celine ihre Hände vor das Gesicht.

Klaras Interesse war sofort geweckt. „Ist es dunkel, hat Krallen und fließt auf dich zu?"

Celine nickte mit weit aufgerissenen Augen. „Du kennst das?"

Klara nickte ernsthaft. „Und ich weiß auch, wie man es wieder loswird. Das ist aber ein ganz großes Geheimnis. Komm, wir setzen uns in den Lesesaal der Bibliothek. Da ist es warm und uns kann niemand belauschen. Dann weihe ich dich ein."

Dann erzählte sie, wie sie sich die Anti-Lupe vorstellen sollte und welche schlimmen Wörter sie vorbereiten könnte.

Zum Schluss lachte Celine zwar über die Schimpfwörter, schaute aber noch ein wenig ungläubig, weshalb Klara anfügte. „Vielleicht braucht dein Monster auch andere Schimpfwörter. Kennst du richtig schlimme aus Frankreich?"

„Ja, von meiner *Grand-mère*, das ist die von der ich meine Mütze habe. Die konnte fluchen wie ein Hafenarbeiter, sagt meine *Maman* immer. Und du meinst wirklich, dass das klappt?"

Klara nickte eifrig mit dem Kopf. „Ich habe dafür drei Tage gebraucht und viele böse Wörter gelernt, die meine Mami natürlich nicht hören darf. Oma Nelli sagt, wer solche Sachen sagt, dem muss der Mund mit Seife ausgewaschen werden. Aber bei mir hat sie es noch nie gemacht."

Am nächsten Morgen war sie ganz gespannt, ob es geklappt hatte, aber Celine kam ihr schon lächelnd entgegen und zeigte den erhobenen Daumen.

„Die auf französisch haben am besten gewirkt", flüsterte sie, mit Blick auf die anderen Kinder, die herandrängten.

Als der Mathe-Lehrer an diesem Morgen die nächste Klassenarbeit ankündigte und Klaras Herz sofort alarmiert zu pochen begann, entschied sie sich Jaspers nächsten Trick auszuprobieren, aber nicht alleine.

Unter dem Siegel der Verschwiegenheit erzählte sie Celine davon, dann Romy und auch Samira, einem Mädchen, das bei solchen Tests schon zu Beginn weinte. Zur Sicherheit nahm sie das Lecithin, das sie im Vorratsschrank ihrer Mutter fand, nicht nur am Vorabend, sondern auch schon einen Tag früher ein.

Als sie am nächsten Morgen ihre Aufgaben als eine der ersten fertig gestellt hatte und den Bogen abgab, betrachtete der Lehrer sie total überrascht, aber ein kurzer Blick über das Blatt genügte, um ihr lächelnd zuzunicken. Klara fühlte sich super, weil sie nach Sascha, dem klügsten Jungen in der Klasse, als zweite fertig war.

Gemeinsam mit ihm wartete sie draußen, als ihr auf-
fiel, dass sein Brillenglas gesplittert war. Jetzt sah er
mit seinen schwarzen, zerzausten Haaren, Harry Potter noch viel ähnlicher.

„Was ist denn passiert?", flüsterte sie.

Sascha winkte nur ab. „Das waren die zwei Idioten,
Leif und Achmed, weil ich sie nicht abschreiben
lasse."

Gerade wollte sie ihm von ihrem Kurs erzählen, als
auch Celine und Romy zu ihnen kamen und früher
fertig waren, als die anderen. Nur Samira kam nicht
früher, allerdings hatte sie zum ersten Mal nicht
geweint.

Daher verbuchte Klara das, als einen vollen Erfolg
und trug es in ihr Tagebuch ein, das inzwischen bereits mit vielen roten Herzchen strahlte.

Ich bin doch schon ziemlich mutig geworden, überlegte Klara und wollte Jasper ganz begeistert davon
berichten. Aber der kluge Bücherwurm war nicht zu
finden.

Für einen kurzen Moment fühlte sich Klara völlig hilflos und allein gelassen. Jasper war fort, wen sollte

sie denn jetzt fragen?

Dann fiel ihr die zauberhafte Nanny ein. Wie hatte
die am Schluss immer gesagt?

Wenn ihr mich nicht mehr braucht, muss ich gehen!

„Vielleicht weiß ich doch schon eine ganze Menge",
tröstete sie sich selbst. „Und ich habe Freundinnen,
Mami und Paps und Oma Nelli."

Aber ein wenig ungewohnt war es doch, Jasper nicht
mehr in der Nähe zu wissen, vor allem abends, als
sie schlafen ging. War jetzt alles, was sie erreicht
hatte auch verschwunden, wie Jasper?

Aber nein, da war alles in Ordnung!

Die Monster blieben fern und als der Herbstwind
heulte und am Fenster rüttelte, rief sie zur Sicherheit
ihren Hund Bernie, der sich brummend und schnau-
fend vor dem Bett zusammenrollte.

Bevor sie einschlief, kam ihr noch ein tröstlicher Gedanke. Vielleicht war ja Jasper doch noch da und sie
hatte ihn in der Eile bloß nicht entdeckt?

Da würde sie morgen noch einmal gründlich nachsehen.

Am nächsten Morgen erreichte Klara ihre Schule
schon überpünktlich. Inzwischen hatte sie schon so
viele Mutpunkte gesammelt, dass sie die nächsten
Ängste angehen wollte. Aber dafür würde sie noch
mehr Verbündete brauchen, deshalb suchte sie nach
dem klugen Sascha, der am häufigsten Ärger mit Leif
und Achmed hatte.

Sie fand ihn vor den Toilettenräumen, wo er gerade
versuchte, seine blutende Nase zu kühlen.

Klara schaute ihn erschrocken an. „Was ist denn passiert? Hattest du einen Unfall?"

„Nein!" Sascha wandte sich unwillig ab. „Es waren
wieder Leif und Achmed, aber ich habe ihnen die
Mathe-Aufgaben trotzdem nicht gegeben."

„Das hast du wirklich gut gemacht", bestätigte Klara
anerkennend, setzte dann aber energisch fort. „Wir
haben uns das, was die beiden machen, lange genug
gefallen lassen, aber so kann es doch nicht weiter-
gehen, wir müssen etwas unternehmen!"

Die hoffnungslose Miene von Sascha änderte sich
kaum. „Was kannst du denn schon gegen diese beiden unternehmen? Sie sind nun mal die Größten

und die Stärksten."

„Na und, viele Kleine können sich auch gegen Größere behaupten. Denke an *Gullivers Reisen* nach Liliput!"

„Das kenne ich nicht, was war denn da?" Saschas Frage klang schon etwas interessierter.

Klara, die wusste, dass andere Kinder nicht so viel lasen wie sie, erklärte es ihm geduldig.

„ *Gullivers Reisen* ist ein englischer Roman, der schon vor langer Zeit geschrieben wurde. *Gulliver* reiste in ein Land, in dem die Menschen so winzig klein waren, dass er sie vermutlich hätte zertreten können. Aber sie waren schlau und da sie ihn für einen Feind hielten, brachten sie ihn zu Fall. Im Liegen konnten sie ihn überwältigen und ihre Forderungen stellen."

„Ach so, so was habe ich in einem Film gesehen, *Nachts im Museum*. Das war gut! Da brauchen wir aber viele, die mitmachen."

Klara nickte nachdenklich. „Das glaube ich auch, aber jemand muss den Anfang machen."

Und dann erzählte sie ihm noch davon, wie viel sie

und Celine bei ihrem Kurs gelernt, was sie alles gegen die Angst unternommen und wie viel Mutpunkte sie schon gesammelt hatten.

„Wenn viele mitmachen und wir zusammenhalten, schaffen wir das bestimmt!"

Sascha grinste jetzt. „Da muss ich mich mal bei Wikipedia schlau machen."

Auf Klaras fragenden Blick erklärte er dann: „Das ist auch ein Lexikon, aber digital, also nur in deinem Laptop oder Tablet."

Klara grinste jetzt auch.

Ein digitales Lexikon war bestimmt interessant, aber sie hatte ja Jasper, oder?

8. Kapitel,

in dem Klara ihrem Mut und ihren Freunden vertraut

Doch als sie am späten Nachmittag, hoffnungsvoll den dicken Band aufschlug, war kein Jasper mehr zu sehen. Ihr kamen die Tränen, so sehr, dass sie gar nicht bemerkte, dass ihre Mami ins Zimmer gekommen war.

„Er ist weg, einfach weg!"

Sie schluchzte so heftig, dass Mami sie in die Arme nahm, ihre Tränen trocknete und sie tröstend wiegte. „Das macht er immer so", flüsterte sie. „Wenn man ihn nicht mehr braucht, verschwindet er. Aber er hat dir doch geholfen, oder?"

Klara sah sie überrascht an. „Du hast es gewusst?"

Ihre Mutter lächelte. „Natürlich! Er hat mir auch geholfen und vorher Oma Nelli. Und irgendwann wird er auch deiner Tochter helfen, aber nur, wenn sie es braucht."

„Und die Jungs?"

„Nein, da funktioniert es nicht. Deswegen habe ich

den dicken Band ja eingeschlossen. Ich wusste, dass du den Schlüssel findest, weil du mein kluges Mädchen bist."

Jetzt fühlte sich Klara ausreichend getröstet und auch sicher.

„Wenn der kluge Jasper meint, dass ich seine Hilfe nicht mehr brauche, dann kann ich es ja bald schon mit der ganzen Welt aufnehmen! Na, ja, mit dem Zahnarzt vielleicht noch nicht."

In dieser Nacht schlief sie ruhig und getröstet ein und erwachte mit einem guten Gefühl.

Während sie früher morgens gerne getrödelt hatte, freute sie sich jetzt auf die Schule und kam meist schon etwas früher, um mit Celine oder den anderen zu reden. Inzwischen hatte sie ihre Gemüsetipps schon an ihre besten Freundinnen und auch andere weiter gegeben. Von einigen wusste sie auch, dass sie ebenfalls Mutpunkte sammelten.

Auf dem Hof vor der Schule winkte ihr schon Celine entgegen, von der anderen Seite kam Romy auf sie zu. Es waren viele Kinder auf dem Hof, da es ausnahmsweise mal nicht regnete. Die Mädchen berichteten sich gerade die aufregenden Neuigkeiten des gestrigen Abends, als es plötzlich lauter wurde und sich ein Pulk von Kindern bildete.

Leif und Achmed hatten sich die kleine Samira als Opfer ausgeguckt und schubsten sie wie eine Stoffpuppe hin und her. Dabei machten sie sich lustig über die Kleine, die hilflos weinte.

„So eine doofe Heulsuse. Du machst doch bestimmt noch in die Hosen oder hast du Windeln an? Lass uns mal nachsehen!"

Klara und Celine sahen sich nur kurz an und rannten dann zu den beiden, um sich vor das Mädchen zu stellen.

„Lasst Samira in Ruhe!" Klara rief das ganz laut.

„Oder was?" Achmed grinste sie dreist an.

„Das wirst du dann sehen", rief Celine, stellte sich neben Klara und nahm aktive Verteidigungshaltung an.

Aber Leif lachte nur hämisch. „Ach, das Franzosen-Püppchen und der Angsthase. Was wollt ihr zwei denn gegen uns machen?"

„Sie sind nicht zu zweit", rief Romy und stellte sich
neben die Mädchen. „Wir sind viele, die sagen:
Schluss mit den Spielchen, die ihr hier abzieht!"
Klara sah zur Seite und bemerkte, wie viele Kinder
sich schon angeschlossen hatten. Auch Sascha hatte
sich direkt neben sie gestellt.
Sie holte noch einmal tief Luft, um ihre Meinung
deutlich zu machen.
„Wir haben die Nase voll davon, dass ihr euch immer
an Kleineren und Schwächeren vergreift. Ihr hört
damit sofort auf!"
Sie trat noch einen Schritt näher. Inzwischen waren
bis auf wenige Unschlüssige, die abseits standen, alle
Kinder hinter ihnen, während auf der anderen Seite
Leif und Achmed ganz alleine standen.
Als sich der Kreis immer enger schloss, ohne dass
jemand etwas sagte, wurden die beiden Schläger
doch unruhig. Mit einer solchen Reaktion hatten sie
nicht gerechnet.
Sie wichen bis zur Hausmauer zurück, aber die anderen Kinder folgten ihnen gemeinsam und fest entschlossen.

Erst als Leif schon ziemlich blass um die Nase wurde,
hob Achmed die Hand.

„Schon gut, wir lassen euch in Ruhe! Wir haben ja
noch anderes zu tun."

Dann zogen beide ab, aber immer noch genau dar-
auf bedacht, an der Wand entlang zu gehen und die
Kinder nicht zu provozieren.

Als sie endlich verschwunden waren, jubelten die Kinder. Klara und Celine hoben die Hände, um sich und Romy, Samira, Sascha und andere abzuklatschen und sich zu freuen.

Auch die anderen Kinder, die zum ersten Mal, die Kraft der Gemeinschaft erlebt hatten, jubelten so laut, dass die Lehrer aus ihrem Zimmer heraus stürzten. Aber dann war alles wieder in Ordnung und so würde es auch bleiben. Da war sich Klara ganz sicher.

ENDE

Von der Autorin sind im BoD-Verlag bereits erschienen:

- Der Club der kleinen Millionäre -1-
  Coole Kids und der clevere Umgang mit Geld

- Der Club der kleinen Millionäre -2-
  Von Pfunden, Freundschaft und Hunden

- Der Club der kleinen Millionäre -3-
  Coole Kids und eine rätselhafte Schatzkarte

- Das Monster im Schrank
  Wenn Kinder Angst haben

- Sophie und die Krimifrauen vom alten Bahnhof -1-
  Cosy-Crime-Geschichten

- Sophie und die Krimifrauen vom alten Bahnhof -2-
  Cosy-Crime-Geschichten

- Sophie und die Krimifrauen vom alten Bahnhof -3-
  Cosy-Crime-Geschichten

- Die Weiberwirtschaft
  Frauenpower im Mühlengrund

- Das gibt es doch nicht!
  Unmögliche und fantastische Geschichten 1

- Das ist wirklich das Allerletzte!
  Unmögliche und fantastische Geschichten 2

- Jetzt ist aber Schluss!
  Unmögliche und fantastische Geschichten 3

- Alles auf Anfang!
  Unmögliche und fantastische Geschichten 4

- Die Silver Girls
  Das Programm gegen Jugendschwund

- Immer wieder aufstehen
  Kurzgeschichten zum Mut machen